AF247127

ESSAI

SUR UN

PLAN DE CAMPAGNE

POUR LA

DÉFENSE NATIONALE

BASÉ SUR LES PRINCIPES DE LA STRATÉGIE.

Par L. DELSOL, Officier d'artillerie,

> La stratégie est à proprement parler la science des généraux en chef. Toutes les mesures qui ont trait à la guerre et qui ne dérivent pas de bonnes règles stratégiques seront donc fausses et peut-être désastreuses.
>
> (Archiduc CHARLES. — *Principes de la stratégie.*)

> Si l'art de la guerre consiste à mettre en action le plus de forces possibles au point décisif du théâtre des opérations, le choix de la ligne d'opérations, étant le premier moyen d'y parvenir, peut être considéré comme la base fondamentale d'un bon plan de campagne.
>
> (JOMINI. — *Précis de l'art de la guerre.*)

TOULOUSE

IMPRIMERIE TROYES OUVRIERS RÉUNIS

Rue Saint-Pantaléon, 3.

1870.

AVANT-PROPOS

Écrite à la hâte, cette brochure doit se ressentir de la rapidité avec laquelle les événements se succèdent et se précipitent.

Son but est d'être utile au pays. J'ai voulu, dans la mesure de mes forces, exposer un plan général de campagne, basé sur les vrais principes de la stratégie, science si souvent méconnue, et que j'ai longtemps étudiée.

Je serais heureux si mes lecteurs accueillent ce travail avec bienveillance. Je demande grâce pour son style, surtout pour les éternelles répétitions d'expressions techniques : aujourd'hui que l'art de faire des phrases court les rues, chacun a le droit d'être difficile ; mais le mérite réel d'un travail didactique est incontestablement celui d'être clair ; or, pour y réussir, il faut se résoudre à ces fréquentes

répétitions de mots et même d'idées que l'on ne
saurait remplacer , et ne point viser à l'élégance des
phrases.

J'ignore si les événements ne viendront pas, avant
la publication de cette brochure , donner tort ou
raison aux plans ici exposés et proposés.

Pourrais-je me flatter d'arriver à temps , alors
que l'imprévu nous gagne ?

N'importe , ne livrerai-je à mon pays qu'une
parcelle d'idée libératrice , ce serait encore du
bonheur , et pour l'auteur et pour la France.

ESSAI
SUR UN PLAN DE CAMPAGNE

POUR LA

DÉFENSE NATIONALE

BASÉ SUR LES PRINCIPES DE LA STRATÉGIE.

CHAPITRE PREMIER.

CONSIDÉRATIONS GÉNÉRALES
Sur le théâtre des opérations.

« Tout théâtre de guerre, dit Jomini, peut être comparé à
« un échiquier, toujours borné, d'un côté ou de l'autre, par
« une mer ou par une grande puissance neutre, qui forme-
« raient également un obstacle insurmontable. »

Si nous jetons, en effet, un coup-d'œil rapide sur la carte,
nous voyons aisément que le théâtre de la lutte engagée entre
la France et l'Allemagne est limité au Nord par la Belgique,
le Luxembourg et les Provinces Rhénanes ; à l'Est, par le
Rhin, le grand-duché de Bade et la Suisse ; au Sud, par les

Vosges, le Jura, la ligne de la Loire et quelques départements envahis ou menacés ; enfin, à l'Ouest, par Paris et la ligne qui va de Blois à Amiens, en passant par Orléans, Chateaudun, Chartres, Dreux et Beauvais.

Puisque le lecteur a la carte sous les yeux, il me dispensera d'entrer dans la longue énumération des routes importantes et voies ferrées qui sillonnent le théâtre des opérations ; mais j'aurai grand soin de lui faire observer que l'échiquier stratégique a la forme générale d'un pentagone (ABCDEF), dont la France tient trois côtés AB, BC, CD ; la Prusse, la partie DEF, la Belgique et le Luxembourg, la portion AF.

Fig. 1.

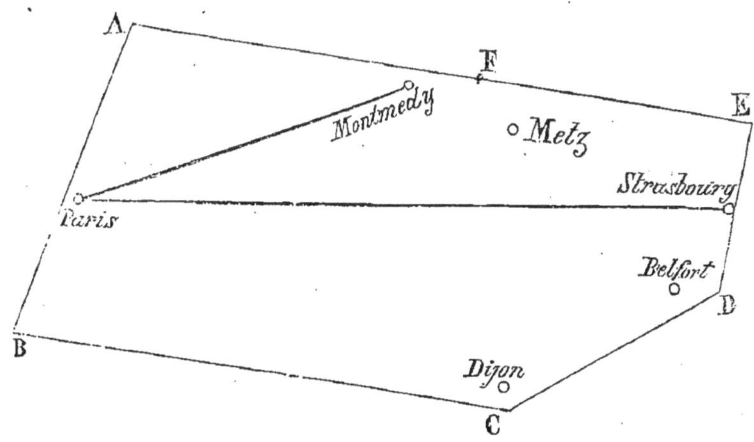

Ainsi, dès à présent, j'appelle fortement l'attention du lecteur sur ce fait *excessivement important* , que la France occupe trois côtés AB, BC, CD de l'échiquier.

Cette remarque qui, tout d'abord, paraît inutile, a pour le stratégiste une valeur capitale.

Nous reviendrons là-dessus, tout à l'heure ; mais avant d'aller plus loin , examinons rapidement l'emplacement et les forces numériques des armées en présence.

Du côté de la France, nous avons :

Forces de la France.

1° *L'armée des Vosges,* qui occupe encore la partie Sud de l'Alsace, et dispute à l'ennemi les passages et les défilés des Vosges et du Jura.

Cette armée appuie ses opérations sur trois bases importantes et successives ; le camp retranché de Belfort, Besançon et Lyon. toutes trois défendues par des fortifications redoutables.

Les Vosges et le Jura sont éminemment favorables à la défensive. La guerre y est vraiment nationale, les populations soulevées défendent leurs foyers avec l'opiniâtreté que donne l'enthousiasme pour une sainte cause. Là, chaque pas de l'assaillant est acheté au prix des plus grands sacrifices. Mais, pour que la lutte soit couronnée de succès, il faut toujours que ces populations soient soutenues par une armée disciplinée plus ou moins nombreuse, sans l'appui de laquelle de braves habitants succomberaient bientôt comme les héros de Stanz et du Tyrol ;

2° *L'armée de Paris,* bloquée par l'armée du prince royal ;

3° Les *armées du Nord, de l'Ouest, de la Loire et de Lyon,* qui s'organisent dans les provinces et auxquelles il va falloir imprimer une direction.

Forces allemandes.

Les forces allemandes comprennent :

1° L'armée qui, opérant en Alsace, tient la partie Nord de cette province avec Strasbourg, et manœuvre en ce moment pour s'emparer des défilés des Vosges et du Jura. — Ce n'est pas que l'envie lui manque de faire une pointe sur le Centre ou sur le Midi de la France. De pareilles diversions lui seraient très utiles, elles entrent dans le domaine des combinaisons politiques, et serviraient parfaitement le but de l'ennemi qui est la désorganisation de nos armées. Mais à moins de puissants et nombreux renforts, c'est une tâche bien difficile.

Une telle entreprise entraînera toujours des lignes d'opérations immenses et par conséquent dangereuses ; enfin, la première défaite peut acculer l'ennemi à la Suisse, le couper de sa base, ainsi que de sa ligne de retraite et l'exposer aux plus grands revers.

2° *L'armée du prince Frédéric-Charles*, devenue libre par la capitulation de Metz ;

3ˢ *L'armée du Prince-Royal*, sous Paris ;

4° *De faibles détachements* qui relient Paris à Metz, Metz à l'Alsace et le tout à l'Allemagne. Leur principale mission est d'escorter les convois de vivres et de munitions, de frapper des réquisitions et d'occuper les points stratégiques les plus importants.

En évaluant à 100,000 hommes l'armée de l'Alsace ; à 200,000, celle du Prince Frédéric-Charles ; à 350,000 l'armée du Prince Royal, et à 60,000 la force des détachements épars, nous arrivons au chiffre fort respectable de 700,000 hommes environ.

Tel est le puissant levier dont la Prusse dispose en ce moment.

———

Si nous revenons maintenant à l'étude des positions stratégiques occupées par nos adversaires, deux points surtout doivent frapper notre attention.

D'abord les armées Prussiennes et Allemandes, massées en trois grands corps séparés, manœuvrent la première à Paris, la deuxième à Metz; la troisième en Alsace et dans les Vosges; mais, aujourd'hui le Prince Charles est dégagé de ses entraves, quel usage va-t-il faire de sa liberté?

Eh bien! soit qu'il marche sur Paris, ou qu'il dirige ses coups sur le Centre ou sur le Midi de la France, il y aura toujours entre Paris et Belfort une immense trouée que nos ennemis sont impuissants à défendre; et si l'armée française est assez forte, assez heureuse, assez habile pour occuper une position centrale entre ces deux points stratégiques, les envahisseurs qui saccagent l'Est de la France pourront à la rigueur rejoindre leur ligne de retraite, mais l'armée sous Paris est-elle bien sûre de retrouver le chemin de l'Allemagne?

Je dis non, parce que cette armée jetée à 100 lieues en avant des autres, est évidemment trop en l'air, trop aventurée et peut être facilement coupée de sa base.

D'un autre côté les lignes d'opérations de l'ennemi sont trop longues. Cent lieues, au moins, séparent l'armée Prussienne, sous Paris, de Coblentz, Mayence, Trèves et Rastadt, qui forment sa première base d'opérations; d'ailleurs, ces lignes faiblement défendues ont l'énorme défaut de prêter le flanc à nos coups sur une étendue de 80 lieues.

Ceci est de la dernière évidence.

Certes, il n'est pas besoin d'être un grand capitaine pour découvir le vice et la faiblesse de cet immense éparpillement de forces.

Par une conséquence naturelle de leur succès, de leur marche rapide et de l'énergique défense de Paris et de Metz, l'ennemi comptant d'ailleurs sur notre démoralisation et notre faiblesse , en a été réduit à prendre des positions stratégiques pitoyables et détestables.

Mais aujourd'hui le pays se lève et s'organise ; la Prusse conçoit déjà quelques terreurs. On a répandu le bruit (avant la reddition de Metz) que Bismarck aurait levé volontiers le blocus de Paris en échange de la cession de Metz. Je le croirais sans peine , car de Moltke occupant Metz et Strasbourg, et couvrant la ligne de Thionville à Belfort , serait autrement redoutable qu'il ne l'est dans ses positions actuelles.

En somme , tout pesé, tout examiné, les positions occupées par les armées Allemandes sont mauvaises et très-vicieuses.

Les Prussiens semblent suivre aujourd'hui — est-ce hasard de tactique ? — le système d'éparpillement et de morcellement, ce fameux système de cordon , qui semblait être oublié à tout jamais après les victoires fameuses de la République , et qui, pour notre honte et notre malheur , a reparu tout-à-coup à l'ouverture de la campagne.

Puisque les rôles sont changés , maneuvrons donc comme ils l'ont fait à Forbach et à Wissembourg, attaquons en masse leurs faibles détachements. Paris ou Metz sont-ils bien le véritable objectif ?

Pensez-vous qu'il soit bien habile et surtout bien sage d'attaquer de front ce qu'on peut facilement tourner ? Croyez-vous qu'il n'y a pas quelque imprudence , quelque témérité à lancer une armée jeune et sans expérience à l'assaut de positions redoutables défendues par trois cent mille hommes et une formidable artillerie ?

Si nous voulons sortir vainqueurs de cette lutte gigantesque, ne faisons pas le jeu de nos adversaires : ils ne demandent pas mieux que de nous détourner du véritable but des opérations. Leur plus grand désir , leur but avoué, est d'user nos forces et nos armées en détail, dans une série de combats sanglants qui n'amènent aucun résultat décisif.

Paris n'est pas le véritable premier objectif.

Le premier objectif, et je le prouverai par l'exemple de vingt campagnes célèbres , ce n'est ni Paris, ni Metz, non : il est entre ces deux points stratégiques , sur cette immense ligne d'opérations , qui s'étend de la Champagne aux pays Lorrains ; c'est là , dans cette large trouée , qu'il faut se placer, qu'il faut combattre ; c'est là qu'il faut frapper au cœur nos ennemis.

Mais si le principe fondamental de la stratégie consiste : « à porter par des combinaisons stratégiques le gros des forces » d'une armée, successivement sur les points décisifs d'un » théâtre de guerre, et autant que possible sur les commu- » nications de l'ennemi sans compromettre les siennes, » n'oublions pas que la rapidité, le secret et l'emploi alternatif des mouvements larges et concentriques en sont les compagnes inséparables.

S'étendre avant le combat pour donner le change à l'ennemi sur nos véritables intentions ; mesurer d'un coup d'œil sûr les chances qu'offriraient les différentes zones d'un théâtre de guerre ; diriger ses masses concentriquement sur celle de ces zones qui serait évidemment la plus avantageuse ; ne rien négliger pour s'instruire de la position approximative des forces ennemies ; puis fondre alors avec la rapidité de l'éclair sur le centre de cette armée divisée, éparpillée ; la déborder, la couper, l'entamer, la poursuivre à outrance en lui imprimant des directions divergentes ; enfin ne la quitter qu'après l'avoir anéantie ou dispersée : voilà ce que toutes les campagnes des grands capitaines indiquent comme un des meilleurs systèmes, ou du moins comme les bases de celui qu'ils préféraient.

Je dis donc que notre premier objectif, est la ligne qui s'étend de Paris à Metz, c'est là que nous devons marcher et frapper.

Je soutiens que cette manœuvre est la seule bonne, la seule vraie, la seule qui soit conforme aux grands principes de la stratégie, et la seule aussi qui puisse promptement débloquer Paris, ou infliger à l'armée du Prince Royal un désastre aussi terrible que celui de Sedan.

Je vais le prouver.

CHAPITRE II.

Choix au point de vue stratégique, de la base, de l'objectif et des lignes d'opérations.

Le lecteur n'a pas oublié qu'en étudiant, au chapitre précédent, la configuration générale du théâtre de la guerre, j'ai comparé celui-ci à un échiquier stratégique se rapprochant de la forme d'un pentagone ; et j'ai surtout insisté sur ce point capital, que la France en occupait trois côtés.

Cela posé et admis, prenons le théâtre des opérations, tel que les circonstances actuelles l'ont fait, et étudions-le d'abord au point de vue purement stratégique. Cette étude nous prouvera que l'échiquier actuel a la plus grande analogie avec des théâtres de guerre devenus célèbres, et nous nous inspirerons dès lors des belles et magnifiques leçons que les grands capitaines nous ont laissées.

« Si l'art de la guerre, dit Jomini, consiste à mettre en
» action le plus de forces possibles au point décisif du théâtre
» des opérations, le choix de la ligne d'opérations étant le
» premier moyen d'y parvenir, peut être considéré comme la
» base fondamentale d'un bon plan de campagne. Napoléon
» le prouva par les directions qu'il sut assigner à ses masses
» en 1805 sur Donaverth, et en 1806 sur Gera ; manœuvres
» habiles que les militaires ne sauraient trop méditer. »

La direction qu'il convient de donner à cette ligne, dépend

non-seulement de la situation géographique du théâtre des opérations, mais encore de l'emplacement des forces ennemies sur cet échiquier stratégique.

En général, on peut poser en principe, que la meilleure direction d'une *ligne manœuvre* sera sur le centre de l'ennemi, si celui-ci commet la faute de diviser ses forces sur un front trop étendu, et, lorsqu'on sera maître de son choix, sur les derrières de la ligne de défense et du front d'opérations de l'adversaire.

Le choix d'une telle direction est si important qu'il caractérise à lui seul une des plus grandes qualités d'un général en chef; et l'on peut prouver par l'histoire de vingt campagnes célèbres, que les plus brillants succès et les plus grands revers furent, à très peu d'exceptions près, le résultat de l'application ou de l'oubli que l'on en fit.

Or, le choix d'une bonne ligne d'opérations étant intimement lié au choix d'une bonne base, le premier point d'un plan d'opérations sera donc de s'assurer d'une excellente base.

C'est pourquoi nous nous poserons tout d'abord la question suivante :

Choix de la base d'opérations.

Quelle sera dans notre plan de campagne notre base d'opérations?

Si, comme cela paraît naturel, les armées de l'Ouest et du Nord sont basées sur la Bretagne, la Normandie et la Picardie ; celles de la Loire et de l'Est sur le Centre et le Midi de la France, il est clair que notre base générale d'opérations aura trois faces à peu près perpendiculaires l'une à l'autre et figurant deux à deux un angle rentrant.

Au point de vue stratégique une pareille base est-elle favorable ? Je réponds tout de suite : Oui.

Plusieurs écrivains militaires, entr'autres l'archiduc Charles, ont voulu qu'une base pour être parfaite, fut parallèle avec celle de l'adversaire, tandis qu'au contraire Jomini a fort judicieusement émis l'opinion que les bases perpendiculaires à celles de l'ennemi étaient les plus avantageuses, notamment celles qui présentant deux faces à peu près perpendiculaires l'une à l'autre et figurant un angle rentrant, assureraient une double base au besoin, rendraient maîtres de deux côtés de l'échiquier stratégique, procureraient deux lignes de retraite fort distantes l'une de l'autre, enfin faciliteraient tout changement de ligne d'opérations que la tournure imprévue des chances de la guerre pourrait nécessiter.

Voici comment il s'exprime, à ce sujet, dans son célèbre *Précis de l'art de la guerre.*

J'ai besoin, pour soutenir ma proposition, de citer ce passage remarquable, d'autant plus que l'échiquier stratégique actuel a la plus grande analogie avec ceux d'Iéna et de Marengo.

« La configuration générale du théâtre de la guerre peut
» avoir aussi une grande influence sur la direction à donner
» aux lignes d'opérations, et par conséquent aux bases.

» En effet, si tout théâtre de guerre forme un échiquier ou
» figure présentant quatre faces plus ou moins régulières, il
» peut arriver qu'une des armées au début de la campagne,
» occupe une seule de ces faces, comme il est possible qu'elle
» en tienne deux, tandis que l'ennemi n'en occuperait qu'une
» seule, et que la quatrième formerait un obstacle insurmon-
» table. La manière dont on embrasserait ce théâtre de guerre
» présenterait donc des combinaisons bien différentes dans
» chacune de ces hypothèses.

» Pour faire mieux comprendre cette idée, je citerai le

» théâtre de la guerre des armées françaises en Westphalie
» depuis 1757 jusqu'à 1762, et celui de Napoléon en 1806,
» représentés l'un et l'autre par la figure ci-après :

Fig. 2.

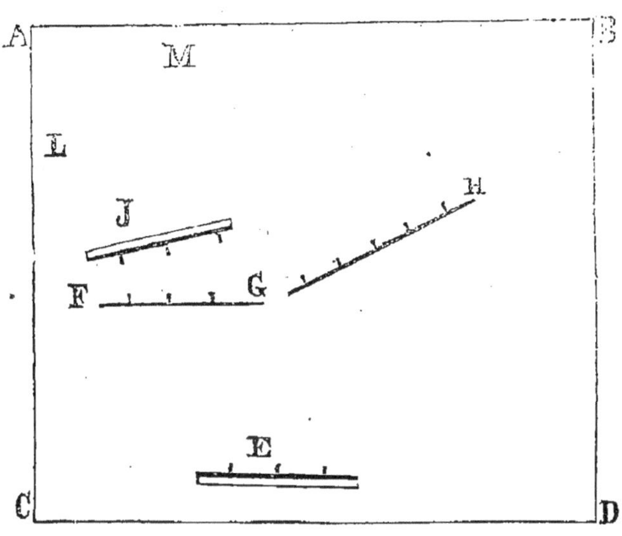

« Dans le premier de ces théâtres de guerre, le côté AB
» était formé par la mer du Nord ; le côté BD par la ligne
» du Weser, base de l'armée du duc Ferdinand ; la ligne
» du Mein formait le côté CD, base de l'armée française,
» et la face AC était formée par la ligne du Rhin, également
» gardée par les armées de Louis XV.

» On voit donc que les armées françaises, opérant offen-
» sivement et tenant deux faces, avaient en leur faveur la
» mer du Nord formant le troisième côté, et que par con-
» séquent elles n'avaient qu'à gagner le côté BD par des
» manœuvres, pour être maîtresses des quatres faces ; c'est-
» à-dire de la base et de toutes les communications de l'en-
» nemi, comme le montre la figure ci-dessus.

» L'armée française E, partant de la base CD pour gagner
» le front d'opérations FGH, coupait l'armée alliée J, du
» côté BD, qui formait sa base ; cette dernière aurait donc
» été rejetée sur l'angle (LAM), formé vers Embden par
» les lignes du Rhin, de l'Ems et de la mer du Nord, tandis
» que l'armée française E pouvait toujours communiquer avec
» ses bases du Mein et du Rhin.

» La manœuvre de Napoléon sur la Saale, en 1806, fut
» combinée absolument de même ; il vint occuper à Iéna et à
» Naumbourg la ligne FGH, et marcha ensuite par Halle et
» Dessau pour rejeter l'armée prussienne J sur le côté AB,
» formé par la mer. On sait assez quel en fut le résultat.

» Le grand art de bien diriger ses lignes d'opérations
» consiste donc à combiner ses marches de manière à s'em-
» parer des communications de l'ennemi sans perdre les
» siennes ; on voit aisément que la ligne FGH par sa position
» prolongée et le crochet laissé sur l'extrémité de l'ennemi,
» conserve toujours ses communications avec la base CD ;
» c'est l'application exacte des manœuvres de Marengo,
» d'Ulm et d'Iéna.

» Lorsque le théâtre de la guerre ne sera pas voisin d'une
» mer, il sera toujours borné par une grande puissance
» neutre, qui gardera ses frontières et formera un des côtés
» du carré. (Dans la guerre actuelle, Belgique, Luxembourg,
» Suisse.)

» Sans doute ce ne sera pas une barrière aussi insurmontable
» qu'une mer ; mais en thèse générale on peut toujours la
» considérer comme un obstacle sur lequel il serait dangereux
» de se replier après une défaite, et avantageux par cela
» même de refouler son ennemi. (Désastre de Sedan.)

» La configuration des frontières modifiera parfois la forme
» des diverses faces de l'échiquier, c'est-à-dire que ses formes

» se rapprocheraient alors de celle d'un parallélogramme ou
» d'un trapèze selon le tracé des deux lignes de la figure
» suivante :

Fig. 3.

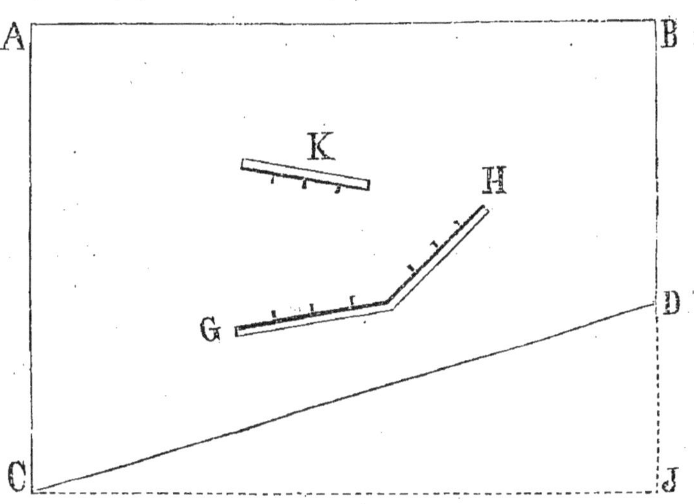

« Dans l'un et l'autre cas, les avantages de l'armée qui se
« trouverait maîtresse de deux des faces et aurait la facilité
« d'y établir une double base, seraient encore bien plus
« positifs, puisqu'elle pourrait plus aisément couper l'ennemi
« de la face rétrécie qui lui resterait, ainsi que cela arriva
« en 1806 à l'armée prussienne dans le côté BDJ du paral-
« lélogramme formé par les lignes du Rhin, de l'Oder, la
« mer du Nord et la frontière des montagnes de Franconie.
» La base de la Bohême, en 1813, prouve, aussi bien que
« tout ce qui précède, en faveur de mon opinion, car ce fut
« par la direction perpendiculaire de cette base avec celle de
« l'armée française, que les alliés parvinrent à paralyser les
« avantages immenses que la ligne de l'Elbe eût procurés sans
« cela à Napoléon, circonstance qui fit tourner toutes les chan-
« ces de la campagne en leur faveur. De même, en 1812, ce
« fut en se basant perpendiculairement sur l'Oka et Kalouga

« que les Russes purent exécuter leur marche de flanc sur
« Viazma et Krasnoï.

« Au surplus, pour se convaincre de ces vérités, il suffit de
« réfléchir que le front d'opérations d'une armée, dont la base
« serait perpendiculaire à celle des ennemis, se trouverait
« établi parallèlement à la ligne d'opérations de ses adversaires,
« et qu'il lui deviendrait ainsi très facile d'opérer sur leurs
« communications et leur ligne de retraite. »

Telle est l'opinion du célèbre critique sur les avantages que
procure une base à deux faces, à peu près perpendiculaires l'une
à l'autre, base que la France peut occuper sur le théâtre de
guerre actuel.

Mais on est allé bien plus loin. Quelques auteurs ont paru
tellement convaincus des avantages incontestables d'une pareille
base, qu'ils ont proposé dans le cas où l'on en manquerait,
d'y suppléer en partie par un changement de front stratégique.

C'est ce qu'a fait l'armée prussienne. Sa base d'opérations
est évidemment sur le Rhin et les provinces Rhénanes, et pourtant
elle a adopté le front stratégique de Metz à Paris, ce qui équivaut
à une base réelle. C'est de là que partent de nombreux détachements pour se diriger au Nord sur Amiens, Laon, Saint-Quentin ;
et sur Orléans, Troyes et Chateaudun, au Midi. En réalité, la
Prusse tient donc les deux autres côtés du pentagone.

Les changements de front stratégique sont une des grandes
manœuvres les plus importantes, car en formant ainsi une
perpendiculaire avec sa propre base, on se rend maître de deux
côtés de l'échiquier stratégique, et l'on place l'armée dans une
situation aussi favorable que si elle avait une base à deux faces,
selon ce qui a été démontré par la figure annexée aux pages
précédentes (fig. 2 et 3).

Le front stratégique adopté par Napoléon dans sa marche sur
Eylau présentait toutes ces particularités. Il exécuta un chan-

gement de front stratégique, non moins remarquable dans sa marche de Gera sur Iéna et Naumbourg, en 1806. Moreau en fit un pareil en 1800, en se portant de l'Elbe par sa droite sur Augsbourg et Dillingen, faisant face au Danube et à la France, et forçant par là Kray à évacuer son fameux camp retranché d'Ulm.

Tant de faits imposants prouvent, d'une façon incontestable, que les bases à deux faces, dont l'une serait perpendiculaire à celle de l'ennemi, sont évidemment les meilleures. Aussi les adopterons-nous.

Choix de l'objectif et des lignes d'opérations.

Le choix de notre base étant définitivement arrêté, quel sera maintenant l'objectif des opérations ?

On peut poser, comme principe général, que les points décisifs de manœuvre sont sur ceux des extrémités de l'ennemi, d'où l'on pourrait le séparer plus facilement de sa base et de ses armées secondaires, sans s'exposer soi-même à courir. ce risque.

Avant la capitulation de Bazaine, il est clair que notre objectif de manœuvre ne pouvait être que la ligne d'opérations de l'ennemi qui va de Metz à Paris, ligne qu'il fallait gagner rapidement et à tout prix pour couper l'armée du Prince royal de ses armées secondaires.

Mais aujourd'hui les conditions ne sont plus les mêmes ; le point décisif s'est peut être déplacé. L'armée du prince Frédéric-Charles, libre désormais de ses mouvements, nous impose la plus grande réserve, et il convient de nous demander tout d'abord, de quel côté elle va maintenant diriger ses attaques et ses efforts.

C'est un inconnu de plus dans ce redoutable problème.

Ira-t-elle à Paris renforcer l'armée de blocus? Marchera-t-elle sur nos places de l'Est ou de Lyon? Ou bien poussera-t-elle une pointe sur le Centre de la France? Chacune de ces directions a ses défauts et ses avantages, et notre plan de campagne ne sera bon qu'à la condition de parer à ces trois éventualités également redoutables.

J'écarte dans cet examen le cas tout particulier où Paris, à bout de vivres et privé d'approvisionnement, aurait besoin d'être immédiatement secouru. Il est clair, en effet, que, dans une situation si critique et si alarmante, notre seul et unique but, notre premier et principal objectif serait la délivrance de la capitale, et qu'il faudrait déployer toute notre énergie et toutes nos forces pour arracher aux mains de l'ennemi cet immense foyer de ressources et de richesses.

Première hypothèse.

1° Je suppose donc, pour fixer les idées, que Paris puisse encore tenir cinquante jours, et qu'une partie de l'armée du prince Frédéric fasse sa jonction avec celle du Prince royal. Je prétends que, même dans cette hypothèse, ce serait ne pas comprendre les avantages stratégiques de notre base, que de marcher directement au secours de la capitale.

En effet, l'arrivée devant Paris de cent mille Prussiens ne serait en somme qu'un secours, un renfort donné à l'ennemi, mais ne changerait en rien les positions stratégiques de nos adversaires.

Fig. 4.

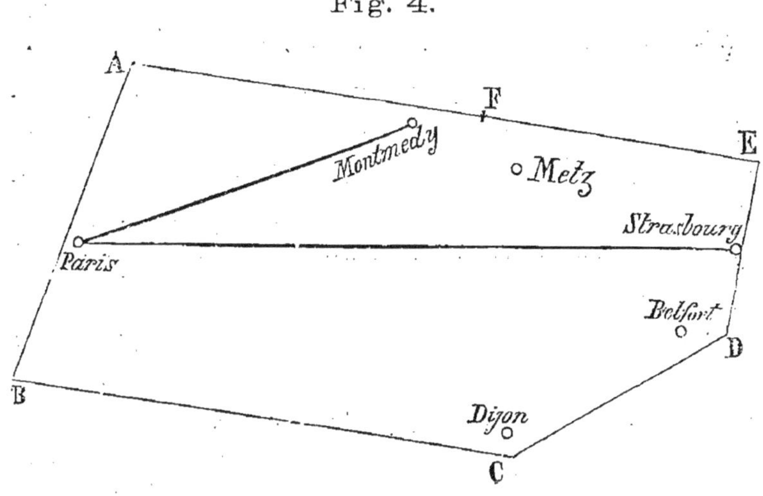

Si donc, nous admettons que les armées du Nord, de l'Ouest et d'Orléans, jointes à la garnison de Paris, opèrent offensivement le long de la face **AB** (fig. 4), on voit aisément, qu'à la faveur de ces attaques combinées, la plus grande partie de l'armée de la Loire n'aura qu'à filer le long de la face **BC** pour gagner rapidement les lignes d'opérations de l'adversaire et s'en rendre maîtresse. C'est l'application exacte des manœuvres de Marengo, d'Ulm et de Iéna.

Or, avez-vous un moment réfléchi aux conséquences redoutables de cette manœuvre? à l'immense effet moral que produirait sur l'armée prussienne une marche semblable sur sa ligne de retraite? Pensez-vous que l'ennemi, cerné et harcelé autour de Paris, coupé de sa base, de ses munitions, de ses dépôts, de ses armées secondaires, se contenterait d'une situation si précaire, et qu'il nous laisserait, tout à notre aise, cinquante jours sur ses lignes d'opérations?

Je ne le crois pas; et dans tous les cas, son devoir comme

son salut, lui commanderaient impérieusement de nous en chasser au plus tôt.

Mais pour nous chasser, si nous sommes en force, ne lui faudra-t-il pas déployer aussi des forces extraordinaires ? et ces masses, pourra-t-il les détacher de l'armée de blocus, forcée elle-même de tenir tête à Paris, et aux armées des provinces ? Evidemment non ; et en s'opiniâtrant dans le blocus de la Capitale, il ne pourra jamais lancer contre nous que des armées relativement trop faibles. La lutte dans de semblables conditions doit être favorable à nos armes.

C'est ici l'occasion de placer une remarque importante : jusqu'à présent les surprises ont été fréquentes et elles tenaient à ce que nos faibles détachements s'aventuraient trop près du gros des forces ennemies. Nos adversaires, par une rapide marche de nuit, surprenaient facilement nos divisions éparpillées, et rentraient ensuite tranquillement dans leurs lignes, ou poursuivaient leurs premiers succès.

Rien de semblable est-il à craindre, si l'on manœuvre à grande distance de Paris ? Qu'avons-nous à redouter pour nos flancs, si notre mouvement tournant s'opère au-delà d'un rayon de 40 lieues ; par exemple, à hauteur de Nogent, d'Arcis ou de Troyes ?

Remarquez qu'il ne s'agit pas, ici, d'un mouvement tournant tactique exécuté en présence ou dans le voisinage de l'ennemi ; mais bien d'un mouvement tournant stratégique. Le premier est toujours dangereux parce qu'il est le plus souvent décousu ; le second, au contraire, permet un système bien serré et bien lié, en mesure de parer à tous les événements et ne donnant rien au hasard.

« Dans tous les temps, dit Jomini, on a présenté les marches de flancs comme des manœuvres hasardées, sans avoir jamais rien écrit de bien satisfaisant sur ce sujet. —

» Si l'on entend par là des manœuvres de tactique faites à la
» vue de la ligne de bataille ennemie, nul doute qu'un
» mouvement de flanc ne soit alors une opération fort dé-
» licate, bien qu'elle réussisse parfois ; mais si l'on veut parler
» de marches stratégiques ordinaires, je ne conçois rien au
» danger d'une marche de flanc ; à moins que les plus vul-
» gaires précautions de logistique n'aient été négligées.

» Dans un mouvement stratégique, les deux corps de ba-
» taille ennemis doivent toujours être séparés par un intervalle
» d'environ deux marches (en comptant la distance qui sépare
» les avant-gardes respectives de l'ennemi et de leurs propres
» colonnes.) En pareil cas, il ne saurait exister aucun danger
» réel dans le trajet stratégique d'une position à une autre.

(*Système actuel de marche*. — 1re Partie.)

Et plus loin : « Les manœuvres stratégiques pour couper
» une armée de ses communications avant la bataille, et l'at-
» taquer ainsi à revers sans perdre sa propre ligne de retraite,
» sont d'un effet bien plus sûr et bien plus grand, et de
» plus, ne nécessitent aucune manœuvre décousue dans le
» combat. »

Au demeurant, si le mouvement stratégique réussit, il ne
reste plus à de Moltke que deux alternatives : ou bien, il gardera sa position de blocus, et lancera 60,000 hommes pour
dégager sa ligne d'opérations (mouvement qui affaiblit ses forces
devant Paris) ; mais alors, instruits de sa marche, nous sui-
vrons d'un œil attentif toutes ses oscillations, nous prendrons
bien certainement la précaution d'avoir une ou deux positions
tactiques reconnues d'avance, à l'effet d'y réunir l'armée, de
recevoir l'ennemi, et de le combattre avec toutes les forces
disponibles lorsque tous ses projets seront bien démasqués ;
c'est ainsi que Napoléon avait préparé ses champs de bataille

de Rivoli et d'Austerlitz, Wellington celui de Waterloo; et l'archiduc Charles celui de Wagram;

Ou bien, comprenant le danger de sa position, l'ennemi lèvera le blocus, à la hâte, pour regagner ses communications compromises ; c'est ce que nous voulons ; mais alors, poursuivi, attaqué et cerné par toutes les armées françaises, rien ne le garantit d'un désastre.

Ce mouvement tournant est donc le seul qui puisse amener des résultats extraordinaires, et qui soit conforme aux grands principes de la stratégie ; car il nous permet de nous placer à cheval sur les lignes d'opérations de l'adversaire, et d'attaquer en masse les fractions successives de son armée.

Notez qu'en dehors des principes stratégiques, je n'ai fait nullement mention du péril et de l'immense difficulté qu'il y aurait à diriger immédiatement sur Paris une armée levée à la hâte, et formée en grande partie de jeunes conscrits, pour la lancer à l'assaut de positions redoutables, défendues par trois cent mille hommes et une formidable artillerie.

Deuxième hypothèse.

Notre deuxième hypothèse suppose que, le prince Frédéric-Charles lançant ses troupes sur le Midi, investira Belfort et Besançon, et de là dirigera une pointe sur Lyon et Saint-Etienne.

L'attaque par des forces imposantes de la vallée de la Saône serait pour nous l'indice le plus certain, que l'armée Frédéric-Charles s'est concentrée toute entière sur ce point, et n'a nullement renforcé l'armée de blocus, devant Paris,

Pour le moment, l'ennemi est à Nuits : il sera bientôt à

Beaune , à Chagny , carrefour de voies ferrées , et par cela même point stratégique de la plus haute importance. Il est probable que dans son mouvement sur Beaune il a pour but de tourner par Dôle l'armée de Garibaldi qui lui barre la route de Gray à Châlons-sur-Saône, de le battre, de l'acculer à la place forte de Besançon et de l'y bloquer.

Les Prussiens affectionnent avec raison les mouvements tournants stratégiques ; et il est à craindre que celui de Dôle réussissant , ils ne se permettent la pointe la plus hardie , après avoir masqué par un rideau de troupes les places fortes de Besançon et de Belfort.

De Chagny, ils peuvent , en effet , se diriger soit sur Saint-Etienne et Lyon , soit sur Autun et Nevers.

La première direction est dangereuse, je l'avoue, téméraire même ; mais elle est possible de la part d'un ennemi audacieux , entreprenant , énorgueilli par ses triomphes , et qui ne compte que trop sur notre faiblesse et notre inertie.

Cependant il ne saurait exécuter cette manœuvre sans courir de grands risques : nos détachements nombreux aux environs de Dijon , Semur et Autun , n'auraient qu'à marcher rapidement sur les derrières de l'envahisseur pour donner la main à leurs frères de l'Est , et nos adversaires, coupés de leurs lignes de retraite et de leur base d'opérations, seraient exposés aux plus grands périls.

Le mouvement sur Autun et Nevers aurait des conséquences autrement redoutables : car il menace Bourges et les derrières de l'armée de la Loire ; et si , par extraordinaire, l'ennemi, maître de la ligne ferrée de Chagny à Vierzon, s'interposait entre Paris et l'armée de la Loire , la délivrance de la Capitale deviendrait de plus en plus difficile et problématique.

Or , pour arrêter un bon système d'opérations dans notre deuxième hypothèse , il ne faut qu'examiner un moment les positions stratégiques de nos adversaires.

Dans le cas où nous nous sommes placés, les armées Allemandes formeraient deux grandes masses, l'une à Paris, l'autre dans l'Est, distantes de cent lieues au moins.

Les notions premières de stratégie nous enseignent qu'en présence de deux armées simplement reliées par de faibles détachements, il faut frapper au centre avec la rapidité de la foudre, afin de les isoler l'une de l'autre, et les accabler ensuite séparément.

Bonaparte nous a laissé des modèles en ce genre à Millesimo, à Mondovi et à Lodi.

Si nous voulons imiter les admirables manœuvres du général français, il n'y a donc qu'à se porter rapidement sur Nogent, Sens et Troyes.

Cette pointe hardie, qui nous donne tous les avantages d'une position centrale, frappe de terreur l'armée du Prince Royal, qui ne sait au juste si nous voulons entamer sa ligne d'opération; elle menace également les derrières de l'armée qui opérerait sur Lyon, et suspend forcément sa marche ; enfin si le prince Frédéric-Charles choisissait la ligne ferrée de Chagny à Nevers, l'armée Française, par un simple changement de front, l'attaquerait de face en débordant son aile droite (ou son aile gauche), tandis que l'armée de Lyon, prenant alors l'offensive, se porterait rapidement sur Baune et Dijon pour menacer ses derrières et sa ligne de retraite.

Ainsi donc, même dans cette deuxième hypothèse, nous restons convaincus que notre mouvement tournant sur Nogent et Troyes, est le seul qui puisse parer à toutes les éventualités.

Troisième hypothèse.

Il peut se faire aussi, et c'est même très probable, que

l'armée du Prince Frédéric Charles se sépare en deux masses secondaires. La première, se dirigeant sur Avallon par Neufchâteau, Chaumont et Châtillon, la seconde sur Auxerre par Toul, Troyes et St-Florentin. De là ces deux armées marcheraient sur Bourges et Nevers pour tourner l'armée de la Loire.

Dans cette dernière hypothèse le Prince Frédéric-Charles combinerait son mouvement avec une deuxième armée partant de Paris pour se diriger sur Orléans et Gien. C'est-à-dire que les deux armées Allemandes partant l'une de Nancy, l'autre de Paris, auraient pour objectif commun les positions occupées par l'armée de la Loire entre Bourges et Vierzon.

C'est l'application des lignes intérieures et concentriques, et ne l'oublions pas la manœuvre favorite du général de Moltke, qui voudrait nous donner ainsi une nouvelle édition de Sadowa.

On se rappelle, en effet, qu'en 1866, deux armées prussiennes partirent l'une de Saxe, l'autre de Silésie, se donnant comme point objectif et comme point de concentration les positions occupées par l'armée Autrichienne, à Konïgratz.

En 1870, même tactique; à l'ouverture de la campagne, les armées Allemandes envahissent le territoire sur deux points, Vissembourg et Forbach, avec la vallée de la Moselle pour objectif.

Quoi d'étonnant alors que partant de Paris et de Metz, les deux armées actuelles se donnent rendez-vous sur les bords de la Loire?

C'est, nous le répétons, et nous ne saurions trop insister, l'application des lignes intérieures et concentriques, manœuvre favorite du général de Moltke.

Mais comme le fait remarquer Jomini, les opérations concentriques peuvent êtré ou fort bonnes ou fort mauvaises; tout dépend de la situation des forces respectives et du talent des généraux en présence. Telle manœuvre qui eût infailliblement échoué devant Napoléon, Frédéric ou Wellington, peut avoir un plein succès contre des généraux médiocres.

« Les opérations concentriques, dit Jomini, sont bonnes dans
« deux hypothèses :

« 1° Lorsqu'elles tendent à concentrer une armée divisée, sur
« un point où elle serait sûre d'arriver avant l'ennemi ;

« 2° Lorsqu'elles tendent à faire agir vers un but commun,
« deux armées qui ne sauraient être prévenues et accablées
« séparément par aucun ennemi plus concentré. »

Mais qu'on établisse la question à l'inverse, comme dans le cas actuel, alors on aura la conséquence toute opposée, alors on s'assurera combien les principes sont immuables, et combien il faut se garder de les confondre avec des systèmes.

En effet, ces mêmes opérations concentriques, si avantageuses dans les deux hypothèses sus-mentionnées, peuvent devenir des plus pernicieuses lorsqu'elles se trouvent appliquées à une position différente des forces respectives.

« Par exemple (1), si deux masses partaient d'un point éloi-
« gné, pour marcher concentriquement sur un ennemi dont les
« forces seraient en lignes intérieures et plus rapprochées
« l'une de l'autre, il en résulterait que cette marche produirait
« la réunion des forces ennemies avant les leurs, et les expo-
« serait à une défaite inévitable. C'est ce qui arriva à Moreau
« et à Jourdan devant l'archiduc Charles en 1796. En partant
« même d'un point unique, ou de deux points beaucoup moins
« éloignés que ne l'étaient Dusseldorf et Strasbourg, on peut
« courir ce risque. Quel sort éprouvèrent les colonnes con-
« centriques de Wurmser et de Quasdanovich, voulant se por-

____

(1) Jomini, *Lignes d'opérations.*

« ter sur le Mincio par les deux rives du lac de Garda ? Aurait-
« on oublié la catastrophe qui fut le résultat de la marche de
« Napoléon et de Grouchy sur Bruxelles ? etc. »

De pareils événements démontrent, jusqu'à l'évidence, que
l'ennemi opérant à grandes distances un mouvement de concentration sur nous, il ne faut pas rester immobile dans nos
positions, comme le fit Benedeck à Sadowa, mais bien manœuvrer comme l'archiduc Charles en 1796, et profiter de
tous les avantages de notre position centrale pour empêcher la
jonction des deux armées ennemies.

Ainsi, dans notre hypothèse, il faudra accabler d'abord l'armée venant de Paris et placée devant Orléans ; puis se jeter,
avec toutes les forces disponibles, sur l'assaillant venant de
Metz, pendant que l'armée de Lyon, prenant à son tour une
offensive rapide, menacera ses flancs et ses derrières.

Telle est l'application des vrais principes de la stratégie.

Ainsi donc, soit que l'armée du prince Frédéric-Charles aille
renforcer à Paris l'armée de blocus, soit qu'elle marche sur
Lyon ou sur le centre de la France, il nous est indispensable
d'occuper d'abord, entre Sens, Nogent et Troyes, une position
centrale qui puisse parer à toutes les éventualités.

De là, nous pourrons ensuite rayonner dans toutes les directions.

Le mouvement tournant favorise l'attaque directe de l'armée de blocus.

Mais, je vais plus loin, et mettant de côté toute considération
stratégique, je prétends que, même au point de vue de la délivrance immédiate de la capitale, notre mouvement tournant

favorise et seconde au plus haut degré l'attaque directe de l'armée de blocus par les armées secondaires.

En effet, admettons qu'après avoir refoulé les Prussiens devant Orléans, l'armée de la Loire, laissant pour les observer un corps assez considérable (armée d'Orléans, 50,000 h.), précipite sa marche sur la ligne d'opérations de l'adversaire. Celui-ci, nous le croyons du moins, lancera contre nous soixante mille hommes, et comme nous sommes deux cent mille, il y a tout lieu de compter sur un triomphe.

Nous pouvons, dès-lors, pour semer la terreur, accentuer notre mouvement sur Provins et Melun. Forcé de tenir tête à la garnison de Paris et à l'armée victorieuse de la Loire qui s'avance, l'ennemi sera bien obligé de renforcer de quarante mille hommes au moins ses soixante mille hommes battus ; c'est donc cent mille ennemis qui seront forcément immobilisés et employés à la défense des lignes prussiennes, entre Charenton, Créteil et le canal de l'Ourcq.

Donc, en portant à trois cent mille le chiffre de l'armée de blocus, l'immense ligne qui, passant par Versailles, va des forts d'Ivry et de Bicêtre aux forts de la Briche et d'Aubervillers, ne sera défendue que par deux cent mille Prussiens, contre les attaques :

1° De 250,000 hommes de la garnison de Paris, pouvant agir offensivement.

2° 60,000 composant l'armée du Nord.
80,000 — Ouest.
50,000 — d'Orléans.

Soit 440,000 hommes, dont 400,000 seront maîtres de concentrer leurs efforts sur un point quelconque de cet immense secteur.

Notez que je ne fais pas entrer en ligne de compte l'é-trange anxiété, l'inquiétude immense dans lesquelles vivra cette armée de blocus fatalement resserrée entre deux cercles de feu, et sachant d'ailleurs ses lignes d'opérations compromises et sa retraite barrée par une armée de deux cent mille hommes.

Au lieu de tout cela, prenez l'inverse, et supposez un moment que l'armée de la Loire , renonçant au mouvement tournant, marche directement sur Paris.

Dans ce cas, l'armée de blocus délivrée de toute inquiétude pour ses lignes d'opérations, et ne laissant que le strict nécessaire dans les ouvrages qui ne sont pas susceptibles d'attaque, appellera à elle ses nombreux détachements disséminés autour de Soissons, Laon, Château-Thierry, Provins, Melun, et opposera certainement à nos attaques une armée de 350 mille hommes retranchée derrière des positions redoutables.

D'ailleurs, le Prince Frédéric-Charles, ne trouvant devant lui aucun obstacle suffisant pour arrêter sa marche , peut se jeter hardiment sur Orléans et Vierzon, tourner notre ligne d'opérations et consommer notre ruine, à moins que notre triomphe sous Paris ne soit rapide, immédiat.

Or, qui pourrait affirmer que la pensée du général de Móltke n'est pas d'attirer sous Paris, les armées de la province pour les envelopper ensuite par un immense mouvement tournant qui les rejeterait sur la mer, du côté de la Normandie et de la Bretagne.

Cette manœuvre ne serait certes pas la première en ce genre : Hoche et Napoléon nous ont laissé de grands exemples à Quiberon, à Marengo et à Iéna.

En résumé, cette longue discussion a clairement prouvé ceci :

« Au point de vue de la délivrance immédiate de Paris,
». comme au point de vue des grands principes stratégiques,
» il n'y a dans la crise actuelle qu'une seule manœuvre pos-
» sible :

» Occuper rapidement et à tout prix la position stratégique
» centrale, comprise entre Sens, Nogent et Troyes.

» De là, libre à nous de rayonner dans toutes les directions,
» nous pouvons menacer Paris, entamer et couper les lignes
» d'opérations de l'armée de blocus, tourner en même temps
» nos regards vers l'Est de la France, en un mot, arrêter et
» suspendre de tous côtés la marche et les progrès de nos en-
» nemis. »

Ce mouvement est donc le seul conforme aux grands principes de la stratégie, le seul qui puisse amener de grands résultats ;
c'est en lui que nous trouverons le salut.

Donc, nous l'adopterons, et nous l'esquisserons rapidement
dans le troisième et dernier chapitre.

CHAPITRE III.

Combinaisons diverses sur les mouvements stratégiques que peuvent opérer les armées.

Dans la guerre actuelle, le succès n'étant possible qu'à la condition d'agir en masse, je propose la levée de 500,000 hommes et la formation de cinq armées.

Armée du Nord.

Forte de 70,000 hommes, au moins. Arras, Lille Valenciennes, Dunkerque et au besoin la flotte, formeront sa base d'opérations.

Son premier objectif sera l'occupation solide d'Amiens, de Saint-Quentin et de l'importante voie stratégique qui réunit ces deux villes. Cela fait, elle se subdivisera elle-même en deux armées secondaires.

La première, avec 40,000 hommes, inquiétera l'armée de blocus par ses nombreux détachements ; la deuxième, avec 30,000 hommes au moins, manœuvrant à l'abri de la première, gagnera rapidement Laon et Mézières pour menacer les communications de l'ennemi sur la ligne des Ardennes.

L'armée du Nord, opérant ainsi, manœuvre trop près de sa

base pour en être coupée ; d'ailleurs les deux parties qui la composent, agissant par lignes intérieures se flanquent et se soutiennent mutuellement contre toute attaque, venant soit de Paris, soit de Metz, ou d'un point quelconque de cette longue ligne.

Armée de l'Ouest.

Forte de 80,000 hommes, sera basée sur la Normandie et la Bretagne.

Cherbourg, Nantes, le Mans, Rennes, Brest et au besoin la flotte, formeront sa base d'opérations.

Elle aura trois objectifs : Dreux, Chartres et Châteaudun. Les deux premiers seront fictifs; l'armée de l'Ouest se contentant de les menacer pour tromper l'ennemi sur ses véritables intentions, portera le gros de ses forces sur Châteaudun, point stratégique de la plus haute importance.

De là, elle pourra lier ses mouvements avec l'armée de la Loire, tout en menaçant l'aile droite et les derrières de l'armée Prussienne devant Orléans.

Armée de la Loire.

Forte de 250,000 hommes (composée de l'armée de la Loire proprement dite (4ᵉ armée), 200,000 hommes; et de l'armée d'Orléans (3ᵉ armée), 50,000 hommes.)

Elle aura plusieurs bases successives : Poitiers, Bourges et Nevers, en première ligne.

Angoulême, Limoges et Clermont, en deuxième ligne ;
Toulouse et Bordeaux, en troisième ligne.

Sa mission sera la plus belle et la plus redoutable ; à sa fortune est attachée le sort de la campagne.

Son premier objectif sera la destruction de l'armée Prussienne campée aux environs d'Orléans.

De là, elle marchera rapidement sur son deuxième objectif, qui sera le triangle formé par Sens, Nogent et Troyes.

Le troisième objectif, variable selon les circonstances, et subordonné aux premiers succès, pourra être :

Paris ;

Ou la ligne d'opération ennemie passant par Château-Thierry, Châlons et Bar-le-Duc ;

Ou bien l'armée du prince Charles se dirigeant sur le centre ou sur le midi de la France.

Si l'armée de la Loire marchait sur son deuxième objectif, sans avoir, au préalable, chassé l'ennemi d'Orléans, sa position serait évidemment bien hasardée, ayant 60,000 Prussiens sur son flanc gauche, et autant sur son flanc droit.

Or, par cela même qu'il est dangereux de prendre une position semblable, il faut s'efforcer d'y placer son adversaire par d'habiles manœuvres.

Nul doute qu'en occupant Châteauneuf avant la bataille, et marchant ensuite rapidement sur l'aile gauche de l'adversaire vers Neuville et Chevilly, tout en l'attaquant de front, on n'arrive facilement à lui couper la retraite sur Artenay et Pithiviers.

Il ne s'agit pas ici, on le comprend très-bien, de donner un véritable plan de bataille ; il faudrait une connaissance exacte, approfondie et détaillée du terrain, de l'emplacement et du chiffre des forces ennemies, en même temps que des ressources dont on dispose soi-même.

Cependant il est facile de voir que l'armée Prussienne, campée devant Orléans, est beaucoup trop aventurée, beaucoup trop-loin de l'armée de blocus pour en recevoir une protection efficace ; et dès lors, elle peut être surprise, attaquée et détruite, tout comme la division Douay l'a été à Wissembourg.

Ce serait une faute de l'attaquer de front, car on ne tirerait aucune espèce d'avantage de la supériorité numérique.

« L'ordre de bataille offensif, dit Jomini, doit viser à
» déposter l'ennemi de sa position par tous les moyens ra-
» tionnels.

» Les manœuvres que l'art indique sont d'accabler une
» aile seulement, ou bien le centre et une aile en même
» temps. On peut aussi déloger l'ennemi par des manœuvres
» pour le déborder ou le tourner.

» On réussira d'autant mieux dans ses entreprises, si l'on
» parvient à les cacher à l'ennemi jusqu'au moment de
» l'assaillir. »

Or, si l'on veut bien remarquer que, par sa tendance même à incliner au sud et à gauche d'Orléans, le général Von-der-Thann découvre ses deux lignes de retraite sur Arthenay et Pithiviers, le plan de bataille sera bientôt fait :

On contiendra le centre et la droite de l'ennemi ; puis accablant et débordant son aile gauche avec des forces supérieures pour la pousser tout à fait en dehors de sa ligne de retraite, on la rejettera sur Vendôme et Châteaudun, où elle sera reçue par l'armée de l'Ouest.

Cette manœuvre a l'avantage de nous donner une position centrale entre l'armée du général Von-der-Thann et celle du prince Charles, de les isoler l'une de l'autre, et d'empêcher leurs rapports et leurs jonctions stratégiques. — C'est l'application exacte des manœuvres de Bonaparte à Montenotte et Millésimo pour isoler les Autrichiens des Piémontais.

Et l'on voit également que pour tirer le plus grand parti

de notre mouvement stratégique, les deux armées de la Loire et de l'Ouest doivent agir de concert et envelopper l'armée Prussienne, en débordant les deux ailes.

Après ce premier succès, l'armée de la Loire laissant cinquante mille hommes (armée d'Orléans) devant Arthenay et Pithiviers, marchera rapidement sur Sens, Nogent et Troyes, et, tout en menaçant la ligne d'opérations ennemie, étudiera et préparera son champ de bataille, car elle doit s'attendre à l'attaque immédiate d'une armée venant de Paris.

Elle acceptera la lutte, restant liée par Montargis, aux armées de l'Ouest et d'Orléans qui protégeront son flanc gauche; car il y a tout à parier que l'ennemi arrivera par Melun et Provins.

Si la victoire couronne encore ses efforts , elle prendra rapidement l'un des trois partis :

Combiner une attaque sur Paris de concert avec les armées du Nord, de l'Ouest et d'Orléans ;

Ou couper les communications ennemies du côté de Châlons, en donnant la main à l'armée du Nord, qui les coupera du côté des Ardennes. Durant ce mouvement, les armées de l'Ouest et d'Orléans ne cesseront de couvrir les flancs et la ligne de retraite de l'armée de la Loire ;

Ou bien se jeter brusquement à droite du côté de Chaumont et Châtillon sur les flancs de l'armée Allemande aux prises avec l'armée de Lyon, la déborder, donner la main à l'armée des Vosges et couper toute retraite à l'ennemi.

Armée de Lyon.

Forte de cent mille hommes, au moins.

Elle aura deux bases successives : Lyon et Saint-Etienne, en première ligne;

Grenoble, Marseille et Toulon, en deuxième ligne.

Son premier objectif sera la destruction de toutes les armées Allemandes agissant dans les Vosges et le Jura, ou ayant des velléités d'agression sur Lyon et Saint-Etienne.

Le rôle de la cinquième armée est aussi prépondérant et aussi brillant que celui de l'armée de la Loire. Pour se faire une idée juste de sa puissance et de la mission qui lui est peut-être destinée, il n'y a qu'à se placer dans l'hypothèse, de plus en plus probable aujourd'hui, où l'armée Prince Charles se dirigerait partie sur Paris et la Picardie, partie sur le centre de la France.

Qui ne saisit, de suite dans ce cas, le mouvement tournant qui en est la conséquence naturelle, et qui jette toute l'armée de Lyon sur les derrières des forces allemandes, du côté de Toul et de Bar-le-Duc !

Ne l'oublions pas, au point de vue stratégique, l'armée de Lyon et l'armée de la Loire sont sœurs, leur tactique est de manœuvrer *symétriquement et concentriquement par lignes intérieures*, afin de gagner le centre de l'immense trouée entre Metz et Paris, tout en couvrant mutuellement leurs lignes de retraite et leurs bases d'opérations.

Tant mieux, si nos adversaires gagnent, à marches forcées, Paris et le Nord de la France; tant mieux, s'ils s'éloignent de leurs bases, de leurs magasins, de leurs dépôts, les armées de Lyon et de la Loire n'en auront que plus de facilité pour les tourner et les couper.

Si, par extraordinaire, l'armée Prince Charles se dirige vers le Midi, c'est à l'armée de Lyon qu'il appartient de la contenir. et à l'armée de la Loire de la tourner.

Si, au contraire, comme il est probable, nos ennemis se dirigent sur le Nord ou sur le Centre de la France, l'armée de la Loire les contiendra et l'armée de Lyon les tournera.

Dans l'une et l'autre hypothèse, les assaillants, obligés de se replier pour ne pas être coupés, laissent aux deux armées françaises la liberté d'opérer leur jonction sur les lignes d'opérations ennemies. Au point de vue stratégique, cette manœuvre est la plus grande, la plus belle et la plus décisive par ses résultats; elle porte 300,000 hommes, au moins, sur les communications allemandes.

Or, remarquez-le bien, les dangers le plus souvent inhérents à ce système sont écartés, aucune force centrale sérieuse ne peut s'opposer à leur jonction, car les Prussiens n'ont sur ce point que des détachements isolés et impuissants.

Je conclus donc à ce que l'armée de Lyon soit forte, considérable, et portée, s'il le faut, à 150,000 hommes.

S'ils avancent, s'ils pénètrent de plus en plus, nos envahisseurs, n'est-ce pas à l'armée de Lyon qu'appartient la grande mission de les prendre à revers, de les tourner et de les couper de l'Allemagne.

Admirable mouvement qui, habilement exécuté, doit amener infailliblement une prompte retraite, on la ruine complète de nos ennemis !

En résumé, chacune des cinq armées a son rôle bien distinct et parfaitement définitif.

L'armée du Nord, par la configuration même du terrain, et par l'emplacement des forces ennemies, est peut-être la plus indépendante d'allures : elle doit, à la fois, menacer Paris et la ligne d'opérations de l'assaillant sur les Ardennes.

Les deux armées de l'Ouest et d'Orléans agiront constamment de concert, et, tout en menaçant Paris, suivront fidèlement le mouvement de l'armée de la Loire pour appuyer ses flancs et protéger ses derrières.

L'armée de la Loire, dont la mission est des plus belles, manœuvrant rapidement sous la protection des armées de l'Ouest et d'Orléans, se portera sur Nogent et Troyes, et en partira pour donner la main à l'armée du Nord et à l'armée de Lyon, appuyée sur celle des Vosges. Un tel mouvement, qui massera 400,000 hommes sur les communications allemandes, aura pour résultat de consommer la ruine de nos ennemis.

Si l'assaillant, plus fort, refoulait l'armée de Lyon dans la vallée de la Saône, l'armée de la Loire opérant rapidement sur Chaumont et Langres, donnerait la main à l'armée des Vosges et couperait la retraite à l'imprudent adversaire qui se serait trop aventuré.

Cette manœuvre réussirait d'autant mieux que les Allemands sont loin de s'attendre à une pareille attaque.

Dans l'hypothèse très probable, où l'ennemi marcherait en forces sur le centre de la France, l'armée de la Loire aurait la mission de le contenir et de l'arrêter; tandis que l'armée de Lyon gagnant rapidement ses derrières et l'obligeant à se replier, ferait encore sa jonction avec la 4e armée.

Les deux, réunies, isoleraient et couperaient l'armée de blocus, sous Paris, et celle qui envahit déjà le nord de la France.

Enfin, une dernière combinaison consisterait à porter sous Paris, les quatre armées de l'Ouest, d'Orléans, du Nord et de la Loire, après que les deux dernières opérant chacune leurs mouvement tournant, auraient coupé toute retraite à l'ennemi, du côté d'Epernay, de Rheims et de Châlons.

CONCLUSION.

La conclusion de cette brochure, la voici :

Aujourd'hui plus que jamais la tactique est subordonnée à la stratégie. La guerre se fait maintenant par grandes masses, et la stratégie est précisément l'art de bien diriger les masses et d'amener la plus grande partie des forces d'une armée sur le point le plus important du théâtre de la guerre, ou d'une zone d'opérations.

« Les grands projets stratégiques, dit l'archiduc Charles,
» décident des bons ou mauvais succès d'une série d'opé-
» rations, souvent d'une campagne, et même d'une guerre
» entière ; ils fixent l'époque de la bataille, et l'amènent par
» de savantes combinaisons ; ils marquent d'avance les ré-
» sultats de la victoire, ainsi que les bornes des événements
» désastreux. Ils peuvent, à la vérité, être quelquefois déran-
» gés, et même entièrement détruits par des fautes de tac-
» tique ; mais ils rétablissent encore plus souvent les échecs
» qui proviennent des fautes de cet art. »

Après avoir jeté un coup d'œil rapide, au premier chapitre, sur l'ensemble des positions occupées par l'ennemi, nous avons reconnu de suite un immense éparpillement de forces, indice certain de mouvements faibles et décousus.

Dès lors, notre plan devait être dicté par les fautes de nos adversaires , et notre base d'opérations choisie de manière à déchirer cette immense toile d'araignée, en frappant avec la rapidité de la foudre au centre de ces forces désunies et morcelées.

Or , il s'est rencontré ce fait extraordinaire : que notre base d'opérations naturelle , formée par trois faces perpendiculaires l'une à l'autre et figurant un angle rentrant , était en même temps la plus favorable ; nous l'avons longuement discuté et prouvé en nous appuyant sur l'opinion des plus grands écrivains militaires.

Du choix de la base découle naturellement le choix de l'objectif, qui ne pouvait être que l'immense ligne d'opérations entre Paris et Nancy : ligne parallèle à l'une des faces de notre base , et par cela même fort compromise.

Et n'était-ce pas là, en effet, qu'il fallait se placer pour frapper et combattre ? Pourquoi n'avoir pas opéré sur ces communications alors qu'elles étaient sans défense ? N'avons-nous pas déjà des regrets amers d'avoir laissé commettre sans châtiment cette grande faute stratégique ?

Encore aujourd'hui, nos adversaires sont tellement convaincus que les frapper là serait leur porter un coup mortel , que tous leurs mouvements , toutes leurs marches n'ont qu'un but, une visée : dérober et soustraire par tous les moyens possibles leurs lignes d'opérations à nos attaques , et les rendre par celà même inaccessibles et invulnérables.

Leur but avoué , leur plan , leur rêve caressé , c'est évidemment la reddition de Paris.

Mais ceci ne peut avoir lieu qu'à la condition expresse que l'armée de blocus ne sera inquiétée ou attaquée par aucune armée du dehors.

Or , quelles sont les armées dont le Prince royal puisse avoir quelque souci ?

D'abord, l'armée du Nord, qui est en mesure de menacer à la fois Paris et les communications de l'ennemi sur la ligne des Ardennes, par *Paris-Montmédy*

Fig. 5.

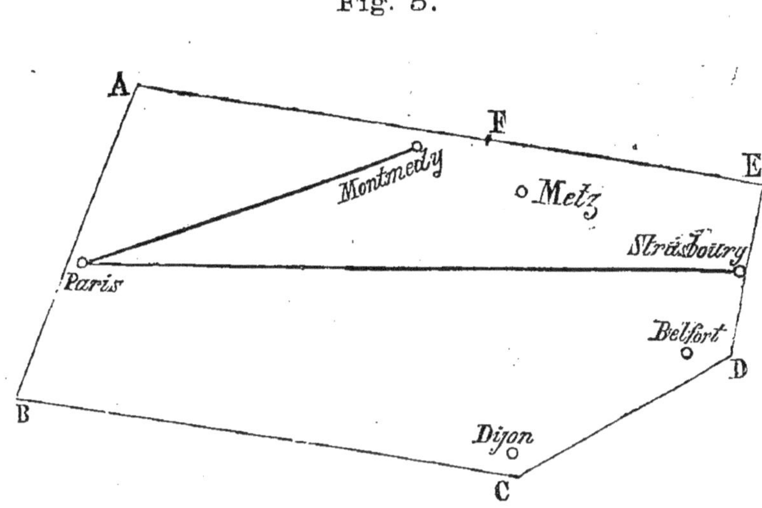

Ensuite, l'armée de la Loire qui, elle aussi, peut menacer directement Paris et la ligne d'opérations *Paris-Strasbourg*, par Châlons, Château-Thierry, Bar-le-Duc.

Les Prussiens se trouvent donc en présence de cette double difficulté : défendre à la fois, au Sud et au Nord, l'armée de blocus et les lignes d'opérations comprises dans le triangle stratégique (Montmédy-Paris-Strasbourg).

Eh bien ! ils résolvent actuellement ce problème d'une façon très simple, en prenant une double offensive sur les armées du Nord et de la Loire.

Il est clair, en effet, que ces deux armées attaquées ne doi-vent penser pour le moment qu'à leur propre conservation, et dès lors, l'armée du Prince royal, dégagée de toute inquiétude, peut tranquillement continuer son rôle tant que nos forces seront tenues en échec.

Or, remarquons que, même dans cette nouvelle attaque et pour la vingtième fois, la méthode du général de Moltke n'a pas changé, elle reste toujours la même.

Il n'y a pour lui qu'une manière de marcher et de combattre ; il n'admet que *les lignes d'opérations intérieures et concentriques, combinées avec des mouvements tournants*

Examinez plutôt le mouvement qui commence à se dessiner sur la Loire et sur le Centre de la France, et dites-moi si vous ne pressentez pas déjà le stratégiste de Sadowa de Wœrth et de Forbach.

Quand on est prévenu du jeu de son adversaire, les précautions à prendre deviennent faciles.

Actuellement, autant qu'il est permis de lire dans la pensée de nos ennemis, le plan de campagne du général de Moltke peut se formuler ainsi :

» Avant tout, l'armée de blocus sous Paris, et toutes les « lignes d'opérations comprises dans le triangle stratégique « (Montmédy-Paris-Strasbourg), doivent être mises à l'abri de « toute attaque.

« En conséquence :

« Une première armée prussienne opèrera contre l'armée du « Nord, qui peut menacer à la fois Paris et les communications « par les Ardennes, suivant la ligne (Paris-Montmédy).

« Une deuxième armée marchera sur le centre de la France, « pour neutraliser l'armée de la Loire qui, elle aussi, peut inquié-« ter l'armée de blocus et la ligne d'opérations (Paris-Stras-« bourg).

« Son premier objectif sera la possession des deux rives de la « Loire, entre Gien et Cosne. Elle partira de là pour gagner

« rapidement la voie ferrée entre Bourges et Vierzon , et, faisant
« office de coin, couper et isoler l'une de l'autre l'armée de la
« Loire et les forces françaises groupées autour de Bourges,
« Nevers et Autun.

« Une fois maîtresse de la voie ferrée entre Bourges et Vierzon,
« magnifique position centrale, elle gagnera Blois et Vendôme à
« marches forcées, pour couper toute retraite à l'armée de la
« Loire et la rejeter du côté de la Normandie et de la Bretagne.

« Afin de favoriser autant que possible ce mouvement tour-
« nant, le général Von-der-Thann aura soin de feindre la retraite
« sur Paris pour y attirer les Français, tout en obliquant légè-
« rement à droite pour lier ses mouvements avec ceux du prince
« Charles.

« On voit que le général Von-der-Thann pourrait tout aussi
« bien obliquer à gauche pour tourner de son côté l'armée de la
« Loire, par Châteaudun et Vendôme.

« Les deux mouvements sont également possibles.

« En un mot, les généraux Von-der-Thann et prince Charles
« manœuvreront selon les circonstances, de manière à ne perdre
« jamais de vue le véritable but des opérations, qui est de cerner
« complètement l'armée de la Loire en débordant ses ailes, ou
« tout au moins de la couper et de l'isoler entièrement des
« armées secondaires opérant du côté de l'Est.»

Pour parer à ces éventualités redoutables, il faut s'inspirer
des grandes leçons de l'histoire militaire et des vrais principes
de la stratégie.

La stratégie nous enseigne que toute armée occupant une
position centrale entre deux armées ennemies, doit se borner à
contenir l'une d'elles avec une partie de ses troupes, et porter
ensuite le gros de ses forces sur la deuxième.

Or, dans le cas actuel, il est évident qui faut se débarrasser
d'abord de l'armée Prince-Charles, qui, nous serrant de très
près, menace même de nous tourner.

Il n'est pas certain que nos adversaires descendent jusqu'à Nevers ; l'attaque de ce point mettrait à découvert leurs lignes d'opérations sur Auxerre. Il est beaucoup plus probable qu'ils essaieront de passer entre Cosne et Gien, et notre plan doit être basé sur cette hypothèse.

Pour imiter les belles manœuvres de l'Archiduc Charles, en 1796, contre Jourdan et Moreau, et les modèles que Bonaparte nous a laissés en Italie, devant Mantoue, il nous faut opérer de la façon suivante :

« Aussitôt que le prince Charles accentuera son mouvement sur
« Gien, l'armée Française manœuvrera pour s'emparer des deux
« routes stratégiques qui, allant de Gien à Montargis, d'une part ;
« et de Gien à Auxerre d'autre part, sont les vraies lignes
« d'opérations ennemies.

« En conséquencence : Gien, Cosne et tous les passages seront
« d'abord occupés ; un cordon de troupes échelonnées sur la rive
« gauche de la Loire, surveillera le cours du fleuve entre ces
« deux villes. Les forces massées autour de Nevers s'avance-
« ront rapidement sur Cosne et Clamecy pour menacer à la
« fois le flanc gauche et les derrières de l'assaillant sur la
« route (Gien-Auxerre).

« En même temps, le gros de l'armée de la Loire arrivant à
« l'improviste sur Châteauneuf, s'emparera de tous les passages
« du fleuve autour de cette ville, et de là se portera rapidement,
« partie sur Gien et partie sur la route (Gien-Montargis), afin de
« menacer également le flanc droit et les derrières de l'ennemi.

« Il est probable que le prince Charles attaqué et tourné de
« toutes parts ne résistera pas à cette combinaison, si elle est
« habilement menée.

« N'oublions pas de dire que, 50,000 hommes, laissés à Arte-
« nay, auront la mission spéciale de masquer le mouvement et de
« surveiller attentivement le général Von-der-Thann. Au besoin,

« cette armée d'observation pourra se replier lentement sur
« Orléans, afin de couvrir et de protéger le mouvement tour-
« nant sur l'aile droite de l'armée Prussienne.

« Tel est en subtance le plan qui nous paraît le plus rationnel
« et le plus propre à arrêter les progrès de nos ennemis. »

On sent aujourd'hui combien il est regrettable que les armées
de l'Ouest et de Lyon ne soient pas prêtes à marcher pour favoriser ce mouvement, en opérant l'une sur la droite et les derrières du général Von-der-Thann, l'autre sur les communications
du prince Charles par Châtillon, Chaumont et Langres.

L'armée de Lyon surtout, demande à être promptement mo-
bilisée, non pas tant pour résister à l'armée du général de Werder,
opérant dans les Vosges, que pour exécuter le magnifique mouvement tournant qui, coupant de leur base toutes les armées Allemandes d'Orléans à Saint-Quentin, dégage par cela même Paris et nos
armées des étreintes de nos adversaires.

Songez-y : pour être vainqueurs dans cette lutte formidable,
il faut sortir de l'immobilité. L'offensive étant la première
qualité de l'armée Française, il faut manœuvrer d'après les
vrais principes de la stratégie, et renoncer à ce rôle de
Fabius qui ne sert qu'à prolonger l'agonie de notre pays.

Il est une vérité incontestable démontrée par les plus grands
événements de l'histoire. C'est qu'à la longue, toute armée,
qui attendra l'ennemi dans un poste fixe, finira par y être forcée ;
tandis qu'en profitant toujours des avantages de la défensive
pour saisir ensuite ceux que procure l'initiative, elle peut
espérer les plus grands succès. Un général qui attendra l'ennemi comme un automate, sans autre parti pris que celui de
combattre vaillamment, succombera toujours lorsqu'il sera
bien attaqué.

Donc, agissez et frappez vous tous qui avez l'honneur de
commander nos armées, et qui tenez en vos mains les des-

tinées de notre pays. Ne perdez pas une heure, une minute, Catilina est aux portes !

Songez-y : en persistant plus longtemps dans ce funeste système de l'indécision, vous donneriez à vos ennemis tous les avantages de l'offensive, et, avant peu, nos armées tournées de toutes parts n'auraient d'autre ligne de retraite que la Normandie et la Bretagne.

J'ai fini, en rappelant au lecteur que je n'ai cessé de m'inspirer, dans cette brochure, des maximes fondamentales de la guerre.

La guerre, il est vrai, n'est point une science, mais un art. Est-ce à dire pour cela qu'il n'y a pas de règle, et qu'aucune théorie de stratégie ne saurait être utile ? Quel militaire raisonnable oserait prononcer un tel blasphème ?

Croira-t-on qu'Eugène et Malborough n'aient triomphé que par inspiration, ou par la supériorité morale de leurs bataillons ; ne trouvera-t-on pas, au contraire, dans les victoires de Turin, de Hochstett, de Ramilies, des manœuvres qui ressemblent à celles de Talavera, de Waterloo, de Iéna ou d'Austerlitz, et qui furent les causes de la victoire ?

Or, quand l'application d'une maxime et la manœuvre qui en a été le résultat, ont procuré cent fois la victoire à d'habiles capitaines, et offrent en leur faveur toutes les chances probables, suffira-t-il qu'elles aient échoué quelquefois pour nier leur efficacité et contester toute influence de l'étude de l'art, toute théorie sera-t-elle vaine parce qu'elle ne procurera que les trois quarts des chances de succès ?

Si quelques militaires obstinés, après avoir lu cette brochure, après avoir étudié attentivement l'histoire raisonnée de quelques campagnes des grands maîtres, soutenaient encore qu'il n'y a ni principes ni bonnes maximes de guerre, alors on ne pourrait que les plaindre et leur répondre par le fameux mot de

Frédéric-le-Grand : « Un mulet qui aurait fait vingt campagnes sous le prince Eugène, n'en serait pas meilleur tacticien pour cela. »

« De bonnes théories, dit Jomini, fondées sur les principes,
« justifiées par les événements, et jointes à l'histoire militaire
« raisonnnée, seront, à mon avis, la véritable école des géné-
« raux. Si ces moyens ne forment pas de grands hommes, qui
« se forment toujours par eux-mêmes quand les circonstances
« les favorisent, ils formeront du moins des généraux assez
« habiles pour tenir le second rang parmi les grands capi-
« taines. »

Toulouse 23 Novembre 1870.

Toulouse , imprimerie Troyes Ouvriers Réunis, rue Saint-Pantaléon, 3.